拥有一颗素直之心吧

すべてがうまくいく
素直な心が奇蹟を起こす

[日] 松下幸之助 著
刘峥 译

人民东方出版传媒
People's Oriental Publishing & Media
东方出版社
The Oriental Press

作者简介

[日]松下幸之助

Panasonic（原松下电器产业）集团创始人，PHP研究所创办者。1894年，出生于日本和歌山县。9岁时，独自一人到大阪，先后在火钵店和自行车店当学徒，后就职于大阪电灯株式会社。1918年，23岁时创建了松下电气器具制作所。1935年，制作所改名为松下电器产业株式会社。1946年，以"Peace and Happiness through Prosperity"（通过繁荣带来和平与幸福）为理念，创办了PHP研究所，开始了PHP运动。1979年，兴办松下政经塾。1989年去世，享年94岁。

目 录

前言　为什么在当下提倡素直之心 …………… 001

第一章　何为素直之心 ………… 007

　超脱私心之心 ……………… 009

　居中之心 …………………… 017

　倾听之心 …………………… 023

　宽恕一切之心 ……………… 031

　明理之心 …………………… 039

　向一切学习之心 …………… 045

　融通无碍之心 ……………… 053

　平常心 ……………………… 059

正确把握价值之心 ································ 065

博爱之心 ·································· 073

第二章　一旦拥有素直之心会怎样 ········ 079

能正确引导自己的内心 ··················· 081

看清真相 ································ 087

每日发现新事物 ························· 093

心想事成 ································ 099

转祸为福 ································ 105

打开"心眼" ····························· 111

消除愤懑不平 ····························· 117

善用一切 ································ 125

与疾病"平和共处" ······················· 131

第三章　如何培育素直之心 ············ 137

强烈的意念 ······························ 139

予人喜悦	147
严格自律	153
不断自省和反思	159
亲近自然	165
终身学习	171

后记　建议每日一读 …… 177
出处一览 …… 181

| 前言 |

为什么在当下提倡素直之心

"拥有一颗素直之心吧。素直之心让人强大、让人正确、让人聪明。"

这句话会刊载在我们每期《PHP》月刊的目录上。《PHP》月刊创刊于1947年4月，创始人松下幸之助差不多在同一时期开始提及"素直之心"并终生倡导。松下幸之助一生致力于PHP运动，所谓PHP运动即向世人倡导"通过实现物质与精神两层面的繁荣，获得真正的和平与幸福"，松下先生认为PHP运动的核心支点正是素直之心。

谈到"素直"，一般人们认为就是"顺从、坦诚"之意，但松下先生认为这种看法是"消极的"，他将"素直之心"定义为"不被任何事物束缚的、能看透事物真相的心"。

人拥有素直之心，就能看透事物真相，能够以开阔宽容之心倾听他人心声。因此，即便双方存在利益冲突，却仍能把握住什么是对的、应该怎么做，维系一种长久的良好关系。松下幸之助是这样理解"素直之心"的作用的。

本书汇集了松下幸之助关于"素直之心"的精华。松下所著《培育素直之心》一书，按顺序讲解了何为"素直之心"，是教科书一般的著作。与此相对，本书从上述作品及其他60多部著作或各类发言稿中，摘取了"素直之心"相关的精华部分加以汇总。希望本书为读者深入理解"素直之心"提供一种新视角。出处不同，因此整部书的风格不尽统一。有的篇章属于散文风格，有的篇章却较有厚重感。请读者对此予以理解。

第二次世界大战结束至今已有七十多年，但看看当今日本，不得不说距离松下先生所期待的繁荣、和平、幸福，差距仍然很大。放眼世界，情况更为严峻。国家与国家之间、宗教与宗教之间、民族与民族之间对立冲突不断，差异难以根除。这些进一步导致恐怖威胁蔓延、暴动冲突升级，现实可悲可叹。

如果松下先生仍然健在的话，他定会像刚成立PHP研究所时那样到处奔走，向人们大声呼吁"正是现在需要大家拥有素直之心啊"。

今年（2016年）正值PHP研究所成立七十周年，为纪念松下幸之助先生，我们策划出版了此书。希望本书能成为一个契机，促使读者朋友重新思考"素直之心"的重要性，果真如此，我们将不胜欣喜。

PHP研究所经营理念研究本部

二〇一六年九月

| 第一章 |

何为素直之心

超脱私心之心

关于素直之心的重要性，我从创立PHP研究所之初到现在一直在强调。素直之心是不受任何事物束缚的心，是能作出正确价值判断的心。一旦拥有素直之心，无论生意还是人际关系抑或其他什么，都会顺利。因此我一直强调：素直之心才是关键。

这些都是我的切身感受。自己年轻时便开始经商，多年经验使我有这些真切体会。拥有素直之心至今仍是我努力的目标。

关于不受外物束缚之心，关于素直之心，我有一段这样的记忆。

当时我才三十岁，因为销售一件商品要与客户签订合同。那位客户有个顾问叫K，是一位僧人。K原本是位刺绣方面的手艺人，年少时患上足疾，因为想治好足疾而踏上信仰之路。他全身心侍奉佛祖，潜心修行了三年，足疾居然不可思议地康复了。为此K更加深了自己的信仰，最终加入僧籍成了一名僧人。K倾听大家祈求，帮助人们排解各类烦恼，后来还成了我那位客户的顾问。

当时客户是这么跟我介绍K的："松下先生，这位是我们店的顾问K老师。K老师虽然是僧人，我却一直称他为'老师'，所有重大问题都跟他商量。"

在正式签约前，我们就具体问题磋商过五六回，K每次都在场并给出了各种意见。客户问"老师，您怎么看"时，K会说"我这样认为……"但是，他不会说"你要怎样怎样""你应该如何如何"这类话，他的说话方式是这样的："我认为这个问题，怎样怎样处理可能比较好。但是，你也一定有自己的思考方式。"

我当时听K讲话感触最深的一点是，他作为客户方的顾问，考虑问题时肯定是从客户方的利益出发进行判断和考量的，但同时他也会进一步考虑到对方，也就是我这方的利益。他在作出决定时会不断考虑双方利益、兼顾双赢。我当时就觉得：这个人不简单！一般来讲，顾问只需要考虑自己委托方的利益即可。但很多时候，那样考虑问题并不能达成合作。就算勉强合作了，如果其中一方存有不满，也很容易在后续过程中出现问题。

然而K处理问题不是这样，他坚持一项基本原则，即应该以双方都满意的形式、以利益相互妥协的形式促成事物成立。贵了贱了之类，双方可以在交涉中表达看法，但是应该在充分考虑双方立场的范围内进行判断。当时K全程参与谈判，因为他一直在旁边那样建言献策，我们最终得以顺利签约。

人这种欲望生物，谁都有逐利性，谁都希望获得外界认可。而且只要是人就有情感，会有喜怒哀乐、喜欢或不喜欢。作为人，那些都是理所当然的，正因为有这些心理活动，人们才品尝到人生的满足和幸福。然而一味放任那些心理活动而最终被私心束缚住的也是人类，结果人们往往作出错误判断，人际关系出现问题。

因此我认为，人应该时常反省自己是否被私心束缚，并极力避免受私心所惑。这是我当时从 K 身上领悟到的。

然而，这并非要求人们压抑自己的真实感受。假设有这样一种情况：你得利则好友的利益受损，或者好友得利而你的利益将受到损害，此时相信你们双方会努力寻求一种平衡。我想那就可以。也就是说，人应该适度满足自己的欲望，同时也要适度满足他人的欲望。不是仅困于自己的欲望和私心，而是谋求与他人共生，注重这样思考的心灵就是素直之心。

大家目前的素直之心处于什么程度？当你因人际关系等问题烦恼时，不妨试着定期为自己的心做做检查。

01 文末微语

不要被自己的欲望和情感绑架。兼顾他人，寻求一条与他人和谐共生的道路。

希望人际关系和谐吗？培育一颗不受私利、私欲、私心束缚的素直之心吧！

居中之心

素直之心到底指什么？或者说，怎样的心理活动能称为素直之心呢？

"素直"一词，日语中读作"su na o"，汉字一般写作"素直"。从看汉字时的直观感受来讲，总感觉这两个汉字没能表达出"su na o"真正的意思。如果非要用汉字来表现它真正的意思，我想"忠"字最为接近。提到"忠"，我们往往只联想到君臣之道。但是，"忠"原本的含义绝非如此狭隘。也就是讲，"忠"就像它的字形一样，是专注地贯通中心之心，是不偏斜之心。它是掌握左右平衡之心，是一心一意的竭诚之心。此外，因为中心明确，它又是一颗绝对不会失去平衡、没有危险的心。陀螺旋转的样子就是一个比较易于理解的例子。

抽打陀螺时，如果力道太小，陀螺转起来会东倒西歪很不稳定。但如果力道足够，陀螺就能很稳，整个陀螺围绕中心轴安静地旋转，发出鸣声，没有动摇。它实际在动，却呈现一种静的状态。一以贯之的中心不偏不倚，那是一种伟大心灵正确地把握整体的状态。因此，以那样的心看事物时，能够看清事物的本来面目。

目前提到素直之心，一般认为素直就是老实、顺从，什么都听从别人的，不分好坏按照指示行动等。

诚然顺从、按指示办事也是素直之心的外在表现之一，但它仅是一个侧面而已，不能说它是素直之心的全部。单看素直之心的一个方面，确实如此，但只是忠实地、顺从地听从他人指示这一行为，不是真正的素直。这是一种消极的素直。真正的素直更强大，包含积极内容。

02 文末微语

顺从他人，那最多不过是素直之心的一个侧面。

素直之心是更强有力的积极姿态。

倾听之心

据说日本战国时代的武将黑田长政每月都召开两三次"不生气"的异议会。参会人员包括家老、思虑周全且可与之商量的人、忠心为主者等六七人。

开会前黑田长政会事先向参会者讲明："今天无论大家说什么（我）都不会介怀，也不会反驳，当然更不会当场脾气发作。大家要知无不言，言无不讳。"

因此，在座的其他人纷纷发誓表示遵守。在此基础上，大家抛开顾虑、开诚布公地讨论黑田长政身上的缺点、他在对待臣下的态度和治理领地方面不合道理的做法。参加会议者会指出黑田犯下的过失，比如他错误地贬谪辅臣、取消对他们的供给。此外，不论任何事情，凡是那些平时难以开口明讲的，都能在异议会上光明正大地提出。

其间如果黑田长政显露出不悦的神情，其他参会者就会反问他："您是怎么回事呢，看起来好像生气了。"如此一来,黑田长政会赶紧调整自己的心态,"没有没有,我一点都不生气",面色慢慢缓和下来。据说黑田长政的异议会就是这样办下去的。

异议会益处良多,黑田长政在临终遗嘱中写道:"今后也要像我现在这样,每月召开一次异议会。"

说起日本战国时代的武将,人们头脑中涌现出的,往往是战场上他们或率领全军奋勇杀敌,或冲着部下粗声呵斥的彪悍场景。即便在城中,也都是手握生杀大权、高高在上的威风形象。这或许确实是他们真实的一面。

正因如此,万一家臣要向这样的主君谏言,事前必须做好切腹的心理准备。做好切腹的心理准备也就意味着舍弃性命。如果是名臣,可能会不惜生命冒死进谏,换作一般人,就算有话想说却也不敢。

但是如此一来,主君耳朵里只能听到称颂赞同之声。这可能成为祸国的源头。黑田长政深知这个道理，才坚持召开异议会，虚心听取逆耳良言。

　　自然黑田长政也是人，听臣下面对面指责自己也会生气。但他明白，一旦当场发怒所有苦心将付之东流。所以他事先考虑到这点，开会前与臣下约定了"不能生气"的规则，尽量把事情安排周全。这样的异议会可谓用心良苦。

　　从黑田长政坚持召开异议会可以看出，他必定有一颗谦虚之心。他知道自身也有考虑不周之处，也有发现不了的事物，也有不懂的东西，他明白这些应该予以改正，因此请大家指正。

　　当然，黑田长政举办异议会，部分原因是为了不误国。但是在此之前，还因为他拥有一颗谦虚之心，他清楚地知道，生而为人自身并不完美。正因为黑田长政拥有对自身不完美的清醒认知，才生出了他把批评当作"天之声"予以接受和采纳的谦虚品质。作为一个独立个体的人,我相信他一定有一颗谦虚的心,他很清楚地了解自身的不完美。正是这种对自身不完美的透彻认知,促使他时刻保持谦虚,坚持采纳臣下们的谏言。

03 文末微语

要虚心倾听一切建议，因为"金无足赤，人无完人"。

素直之心是无论对谁、无论对什么事都能虚心倾听之心。

宽恕一切之心

当年我和妻子开始做生意，经营了一段时间后发生过这样一件事。当时生意发展很顺利，我没早没晚地一心扑在工作上。

随着生意发展壮大，雇用的员工有所增加，当时有七八十人，其中有一个做了坏事的人。我曾经非常信任这名员工，他却在工作中不太守规矩，糊弄公司。

我天生有点儿精神洁癖，发现这件事后十分烦恼。当天晚上我一宿没睡，苦恼着反复思考："真是难办呀！没想到他会做出这种事情！接下来究竟该怎么处理呢？""他做了错事，辞掉他也完全是情理之中的一种解决办法。但是，就算开除他，这件事还是会以各种形式对其他员工造成负面影响，这么处理对公司包括对他个人真的好吗？"我一晚上都在反复考虑这件事。

直到第二天晚上，我一直在思考这件事，当时脑海中忽然闪现出一种想法。我突然想到，日本这个国家一共有多少罪人，我想一定相当多。定罪后在监狱里服刑的有一大批，尚未判刑、正在接受法院审判的又是一批，还有很多人犯罪较轻，没有被提起诉讼。既有犯罪较轻，经警察批评教育后即被释放的，也有很多虽然犯下严重罪行却逃之夭夭警察抓不到的。把这些全部算在一起，数字一定相当可观，在日本这类人恐怕有上百万。

那样的话，考虑到当时日本的人口总数大约是五六千万人，相当于五六十人中就会出一个干坏事的人。于是我意识到，自己的公司当时有日本员工七八十人，其中有一个虽称不上大奸大恶却干点儿坏事的人也并不奇怪。

如此一来，不可思议的是我的心一下变得很轻松，感觉就像卸下了肩上的重担。我训诫那名员工不要再犯第二次，并且继续雇用他。

经过那件事后，我变得能够大胆用人了。我意识到，八百名员工中十人左右，八千名员工中一百人左右，这些人虽达不到罪人的程度却有些干坏事的倾向，这也是没办法的事情，不能容忍就没办法用人。因此自己不但心态变轻松了，而且能够大胆用人了。

大胆用人的背后包含着对别人的信任。被信任者会更努力地主动投身工作，更好地发挥各自的聪明才智，公司经营也更加顺利，这是我的切身感受。

不管什么情况下，基本的一点是让所有人都活下去。作为相互依存的人类，让社会中的所有人共同活下去是其应该做的事。时刻努力培育这样一颗丰富的心灵十分重要。

不论什么情况，基本原则是"用人无类"，要充分发挥每一个人的能量。在这个世界上，人与人是相互依存着一起活下去的，不论好人还是坏人都应该把他们放到适当的位置上,让他们发挥应有的作用。从这个角度来讲,时常留意培养自己的内心,让自己的心胸开阔、包纳万物是一件非常重要的事。

相互原谅对方的错误、在温暖中互相改正,从中将生长出丰富的人情味儿和共同的幸福感。此外,只有当自己拥有宽容他人的心灵后才可能得到别人的宽容。

04 文末微语

**请彼此原谅对方的过错吧!
请在温暖中一起改正!**

素直之心也包括原谅和容纳万物万人的开阔的宽容之心。

明理之心

素直指强烈反映事物真相的心。换言之，是一颗接纳事物真相的涌动着力量的心。这颗心忠实并顺从于正确和真实的事物。因此它并非不分善恶地无条件顺从，它是一种排除错误、探究并遵从其中真相的态度。

长久以来有种说法，说素直之心是像水一样的心。有一则非常有名的格言，大约是叫"水五题"或"水五则"。通过这则格言，相信大家可以更好地理解素直之心为何物。

一、自己活动，并能推动别人的，是水。

二、经常探求自己的方向的，是水。

三、遇到障碍物时，能发挥百倍力量的，是水。

四、以自己的清洁洗净他人的污浊，有容清纳浊的宽大度量的，是水。

五、汪洋大海，能蒸发为云，变成雨、雪或

化而为雾，又或凝结成一面如晶莹明镜的冰，不论其变化如何，仍不失其本性的，也是水。

上述格言"水五题"，正恰到好处地表述了素直之心。

那么，一旦拥有素直之心或素直之心提升后会怎样？会产生什么样的心理活动？用一句话概括，就像刚才稍微提到的，人可以清楚地抓住事物真相。任何时候都能清楚地明白事物的道理。

也就是说，某件事正确还是不正确、这件事应该这样做、现在做这个会陷入不利境地、稍微往后推迟些会更好，诸如此类，人能够对每件事作出正确判断。换句话讲，能够听取别人话中该听的部分，排除不该听的部分；可以超脱私心，不固执己见、感情用事；判断是非的心理活动会自然产生，事物的真相将原原本本地呈现在心中，就像净琉璃之镜[①]那般照出正邪善恶；进而明确应采取何种处理态度；不犯错误、走正确的道路。

[①] 净琉璃之镜，传说放置于阎王殿大厅中的镜子。阎王审判死后亡灵时可通过此镜看到此人生前的全部行为，进而判断善恶。——编者注

05 文末微语

　　拥有素直之心就能看清事物的真相、道理、真实的样子。

　　素直之心是以开阔的视野看事物、明白其间道理的心。

向一切学习之心

在我们公司的中央研究所前面，竖立着发明家爱迪生的雕像。我对爱迪生并不十分了解，但谁都知道那个人发明了留声机、电灯、放映机等上千种新事物。发明是思考并制造出此前世间并不存在的东西，并非一般技艺。成功完成上千次发明，可以说这实在是一件应该称奇的事。

爱迪生便是这样一位了不起的人物。因此很多人以为，他一定从儿童时代起就特别聪明，一定是师从名家，有高人指点。但事实并非如此。岂止并非如此，他曾是老师口中的差生，早早从小学退了学。他一共只上过三个月小学。因此可以说，他基本没从老师那里接受过正规学校教育。

只是爱迪生从孩童时代起，对事物就有着强烈的研究欲望。也就是说他不是一个只会木然地看待自然现象和社会事物的孩子。他对一切发出"为什么"的疑问，比如，为什么必须这样？为什么会变成这样?

有时捕鸟,他会想鸟为什么能在天空飞翔?于是热心地研究起它的羽毛构造。据说有一次他还钻到停着的蒸汽机下面,去研究机器构造,全身沾满机油,还被司机狠狠地批评了一番。他的热情就是如此之高。

爱迪生用心观察自然事物,希望创造出对世间有用的东西,他的心中总有这样一股热情,那是成功完成无数发明创造的根本原因之所在。据说他成年后发明的留声机,就是从电话的震动板遇到人声发生振动这一现象中得到的启发。爱迪生的观察就是如此敏锐。对于爱迪生而言,没有所谓学问上的指导者,取而代之他在自然事物中为自己找到了老师。

人生中,会有很多我们不懂的东西。而且发现新事物也是件非常有难度的事。幸好我们身边有建言者或指导者，他们或许能给予我们有用的建议和指导。但是并非所有人身边都有这样的指导者。当然，就算没有也不应悲观。爱迪生向我们清楚地证明了这一点。就算无缘恩师、没有指导者，虔诚地把一切看作老师进行学习，照样能取得那般伟大的成就。如果我们遵从自主开拓的热情，将一切当作老师用心学习，前方道路将无限扩展。换句话讲，可以说用心学习的话良师有很多，这取决于你的内心。

在我们的日常生活中，有各种事物，它们快速从眼前闪过。但是，人的语言中、自然事物中蕴藏着真理。此外还蕴藏着创造新事物的提示。很多时候我们容易忽略那些应该学习的事物。这真是一件遗憾的事。

想抓住真理或得到某些启示，首先需要具有这样一颗心，它素直地接纳一切与自己相关的事物。

素直地接纳、热心地从中学习,如此我们将实现自身作为人的成长。正所谓:"用心看,则世间万物皆为我师。"

06 文末微语

不懂的事物中蕴藏着真理。

素直之心是以学习的态度面对一切,从中取得收获,并充分利用此收获的心。

融通无碍之心

有一个名叫山冈庄八的人写了一本德川家康的传记，这本书在实业界非常受欢迎。说得上凡经营者都应该读德川家康的传记。此书建立在认真研究的基础上，富有趣味地讲述了德川家康在什么时候用什么人、怎么做事。这本书非常有用，所以实业界的管理层几乎每人必读。

有人也向我推荐过这本书，说："你也读读看吧。"

我问："为什么要读它？"

对方回答："因为这书相当有用。"

我说："若是这个原因的话，我不会读的。"

对方问"为什么不读"，我说："书中写的都是些只有德川家康才能做到的事，其他人不是德川家康却照搬照抄他的做法，这样只会失败。我认为自己没有读的必要。如果因为'那本书很有趣，你读读吧'或者'那本书很治愈，你读读看'或者'那本书可以给你提供些参考，不妨读来试试'，我会读一读。但是，如果因为有用就单纯效仿，那会败得很惨。松下幸之助和德川家康是不同的两个人。如果换德川家康做我做过的事，他会失败；同样，他做的事换我去做，我也会失败。"

不管当时德川家康作为武将、作为经营者多么出色，毕竟我们都不是他。

我当时很较真，说："不能只因为德川家康的做法有用就去读他的传记效仿他，可以作为参考读读。"

对方很不高兴，教训我说："你这么说话真失礼！"可我确实是那么认为的。但是如果你问我，所有事情都这样不听他人意见吗？其实我终究是个素直的人，是什么都听的。"什么都听"，是什么意思呢？就是讲自己的才识终究是靠不住的，至少，人是不可能一个人生活下去的。因为人们相互依存、创建社会、共同生活，才得以从中诞生出文化，才有了今天的生活。单靠一个人无论如何是做不到的。这道理浅显易懂。生活中我们影响别人,同时受别人影响,大家相互作用着共同生活。我们绝不是一个人,也不存在真正意义上的独立。

因此,我拒绝读德川家康的传记是有一定道理的。我认为自己这样并没做错。那么是不是说所有事都应该自己去做呢?我并不这么认为。同时我觉得不能任何事都不借助他人。

我坚持认为,单纯为效仿而读德川家康的传记是不对的,不应该那样做。而且我觉得自己这么想并没有错。那么是不是意味着,人都应该只靠自己,完全不依靠他人呢?我并不这么想。我的做法是:似听非听,似不听又听。这就是所谓的"融通无碍"。

07 文末微语

因为素直所以听；因为素直所以不听。

素直之心是能自由地改变看法和想法进而更好地处理事务的"融通无碍"之心。

平常心

"剑圣"宫本武藏所著《五轮书》中,论述了很多兵法精髓,其中有一条讲:"兵法之道,要保持平常心。"这条强调,身处战场保持平常的心,也就是平常心、平静心非常重要。但是我想这是一件相当难的事。

战场对抗事关生死,当时人们真刀真枪地相互厮杀,不是你死就是我亡。所以一般来讲,人在这种场合是极度紧张和亢奋的。

但是人一旦高度兴奋,往往不能进行冷静判断,身体也容易失去灵活性,这样很容易招致一些意想不到的失败。而且战场上的失败关乎性命,仅因为这一点就应尽可能保持冷静。我想宫本武藏将平常心和平静心作为兵法之道加以强调,也是因为想到了这一层吧。

当今正常情况下,已经基本没有以前那种需要拼命的场面了。可能除了战争等特殊情况,这类生死对抗正在逐渐消失。但是平常心、平静心本身并不只限于战场，到什么时候它们都非常重要。

之所以这么说，是因为在当今的日常生活和活动中，经常可以看到有人因为失掉冷静或缺乏平常心而犯下意想不到的错误。这种情况频繁出现，像家常便饭一样稀松平常。

生活中并不缺少这样的例子。比如，因为赶时间着急忙慌的，不顾交通信号灯，绿灯没亮就冲了出去，结果刚巧有车开过来把人撞倒，轻则受伤，重则丧命。还有开车的司机也是一样，因为赶时间就疯狂超车，结果酿成车祸，造成多人伤亡。这样血淋淋的教训时有发生。虽然当今社会已经不再有以前那种拼命厮杀的情况，但是这些频发的悲剧不也事关人命吗？想到这些我痛彻地领悟到，平常心和平静心在当今社会依然是非常必要的。

此外，在谈判时、考试时、体育竞技时，平常心和平静心一样非常重要。

　　大家一旦拥有素直之心,自然就能得到平常心和平静心。换句话讲,人们若能以素直之心看待和思考事物,就能做到冷静地以平常心看问题、想事情。

08 文末微语

正因为执念于什么,人才会失去冷静、变得急躁。

素直之心是对待任何事物都能平静地、冷静地加以处理的心。

正确把握价值之心

据说过去明智光秀身边有一名重臣叫明智光春，官职位列左马之介。我曾听说，他直到临终之时都一心为公，非常了不起。

众所周知，"本能寺之变"（明智光秀在京都的本能寺发动叛变，逼死其主织田信长）发生在天正十年（1584）。当时羽柴秀吉（后来的丰臣秀吉）正在中国地区①与毛利氏交战，听到消息后迅速带兵回撤，讨伐明智光秀。双方在山崎交战，明智光秀大败，羽柴秀吉此后一度君临天下。

明智光春正是这个明智光秀身边的重臣，他也是明智光秀的表兄弟。当时他正占领着织田信长苦心修建的安土城，后来听说山崎情况危急，故率部从安土城紧急出发。途中与堀秀政率领的羽柴秀吉方军队大战，明智光春部遭受致命打击，却依然勉

---

① 在日本称为"中国地方"，是日本本州岛西部地区的统称，包含鸟取县、岛根县、冈山县、广岛县、山口县5县。——编者注

强支撑着回到了明智光秀日常居住的坂本城。

据说"湖水渡"的传说（左马之介在敌军的重重包围下只身骑马渡过琵琶湖）也发生在这个时候。深知大势已去的左马之介劝说守城士兵逃命，随后自己整理了身边事务。之后他又做了什么呢？相传他突然下达停战命令，停止与攻城敌军继续作战。然后把茶具、太刀等城中称得上贵重的物品统统打包吊到城下，交给了敌人堀秀政。明智光春在留下下面这些遗言后，从容赴死。"（我）失败了，天下都是胜利者的，这区区茶具和名刀又算什么。但是我认为，宝物是有生命的，它们只在遇到应该拥有它们的人后，在一定时间内属于这个人。它们是天下的，应该世代传承，而绝非我一人之物。某一人拥有它们的时间总是特定而短暂的，我希望这些珍宝能够一代代长久地传承下去。如果它们毁于大火，那将是国家的损失。我不希望后世谈起这些时，只

能万分痛惜地感叹——民族的宝贵财富毁于武将手中……"（摘自吉川英治著《新书太阁记》）

历史上是否确有其事，我们不得而知，但故事中左马之介表现出的态度着实令人钦佩。换作一般人，首先根本顾不上考虑这些。他们或放火烧城，让珍宝给自己陪葬；或感情用事，心想"就算毁掉也不留给可恶的敌人"，毁掉珍宝后自我了断。紧要关头，人心会发生微妙的变化，理性行事还是感情用事，正是这种时候最能体现一个人的真面目。

左马之介当时可能是这样想的："大势已去，我们输了。失败了，要么被敌人杀掉，要么自我了断，我选择有气节地切腹死去。但是，这里的茶具和名刀并非我私有之物，它们属于天下人，是应该永世相传的遗产。如果现在毁在这儿，将是整个国家的损失。"左马之介出于这样的思考，将宝物托付给了敌军将领。即所谓让宝于天下，还宝于天下。我认为左马之介的心实在非常高贵。

大家应该像左马之介那样，保持视野开阔，不只拘泥于自身，时刻思考怎样使双方都得益、应该对公共事务抱怎样的态度，努力做一个受世人爱戴和尊敬的人。

09 文末微语

要视野开阔,贯彻正确的态度。

素直之心是面对美好事物能充分认识其美好、对有价值的事物能正确承认其价值的心。

博爱之心

原本人这种动物有一颗彼此心意相连、相互珍惜、共同生存、彼此原谅、互帮互助的心。换句话讲,人生来便具有广博的爱之心、慈悲心。

但是反观现实,不能说这种爱之心、慈悲心总是在发挥作用。实际上在我们周围或世界的方方面面,常有人与人之间的争斗、失和、埋怨、憎恨,这种事并不少见。人类难得天生拥有广博的爱之心和慈悲心,很多时候却不能顺畅地表现出来。

这不是一件非常令人惋惜的事吗?原本在日常生活和活动中,我们应该时刻努力将人类与生俱来的爱之心和慈悲心发挥到十二分才对。但是为什么爱之心很难充分表现出来呢?答案一定有很多,但是我想这必定是其中之一。人们的心受到各种事物的束缚,因此固有的温暖心灵很难表现出来。比如会有这种情况,彼此的心被同一利害得失束缚,其他一切都忘了,只顾相互争夺,事情一旦不像自己预期的那样发展便心生怨恨，怨恨遮蔽了爱之心。

又或者也存在这种情况。被自己的想法、主张束缚住，便要强行依照自己所想的去办，进而与他人产生冲突。这种情况也是好胜心或者说怨恨情绪遮蔽了爱之心。像这样，人一旦被自己的想法、利害得失、主张等束缚，便会产生批评之心，或怨恨或否定对方。而这将遮蔽原本的爱之心，使之不能表现出来。

但是人拥有了素直之心，所有这些束缚将不复存在。自己的利害得失也好，立场也好，或者想法主张等，都不能再对人产生任何束缚。因此，提升素直之心后，人类原本具有的广博的爱之心、慈悲心便能不受任何事物妨碍，得以发挥到十二分的程度。

进而，我们会产生下面这样的想法。看到别人有困难就施以援手，有人痛苦就给予安慰，大家愉快地开心地共同生活，相互珍惜着活下去。也就是讲，一旦拥有素直之心，人类原本广博的爱之心、慈悲心便会发挥作用，那种大家愉快幸福地共同生活的状态就能产生并发展壮大。

10 文末微语

你是否被利害得失、立场、自己的主张束缚住了？

素直之心是令人类与生俱来的广博的爱之心、慈悲心发挥到十二分程度的心。

| 第二章 |

一旦拥有素直之心
会怎样

能正确引导自己的内心

人往往容易被什么事物束缚住，或迷失自我或人际关系出现问题。回顾自己迄今为止走过的路，我也会产生愤慨、羡慕之类的情绪。虽说这类情绪已越来越少，但确实有过不少这种情况。

若说从未有过这类情绪的人，世间恐怕一个都不存在。当然表现的程度因人而异，但若有人说"我的心从未被束缚过"，他一定是在说谎。对于有欲望、有情感的人类而言，那些都是正常的，正因为有这些心理活动才产生了人生中的满足和幸福。

因此，重要的不是消灭欲望和情感，而是不被其束缚，对其加以正确引导。人应该经常反省自我，极力排除束缚。

我认为人一旦拥有素直之心，惭愧、嫉妒反过来能催人发奋。比如 A 是一位成功人士，自己与他接触时多少总会有些羡慕。有一天我鼓起勇气问他为什么能成功，于是他把自己近乎废寝忘食般努力工作的故事讲给我听。反观自己，我做得怎么样呢？自己根本没有像 A 那般努力，只是一味地羡慕人家罢了。如此一想，我深感 A 是非常值得尊敬的，自己也应该向他学习，拼命努力。

我想这是素直之心的一种表露。人一旦拥有素直之心，便自然而然就能做到。

11 文末微语

没必要消灭欲望和情感。自己只需对其加以正确引导即可。

一旦拥有素直之心,任何事物,甚至惭愧、嫉妒都能转化为正能量。

看清真相

透过漂亮的、经过精心打磨的透明无色玻璃，人能看到事物原本的样子。同样的道理，人一旦拥有素直之心就能清楚地看到事物的真实样貌或者说真相。于是大家也就更容易基于真相对事物进行思考和判断。

如果玻璃并非透明的，自身带有颜色会怎样呢？透过彩色玻璃，人将不能正确看到玻璃后面事物的真实颜色。如果玻璃是蓝色的，对面物体原本是白色，我们看到眼里却认为它是蓝色。也就是说，这样一来我们将不能看到事物的本来面目。或者，若玻璃是扭曲变形的，我们透过它看到的事物也将是扭曲的。然而当我们拥有素直之心后再看待事物，会像透过无色透明的正常玻璃那样看到事物原本的样态，不添加任何颜色。

但是在日常生活中，我们很容易透过有色玻璃或扭曲变形的玻璃看问题。比如，自身的知识储备和学问、自己的欲望和得失、某种主义或思想主张等，很多时候我们不可避免地透过这些有色玻璃、变形玻璃看问题、想事情。作为人，这些有其必然性的一面，可是一旦被自己的想法、情感所左右，人的确就不再能看清事物本来的颜色和形状。就算我们想正确认识世界，实际上还是透过了一层有色玻璃，这种情况是完全可能的。

果真如此的话，还是不应该放任的。我们必须培养和提高自身的素直之心，努力看清事物的本来面目。其实拥有素直之心后，人逐渐就能透过无色透明的玻璃看事物，不被彩色变形玻璃蒙蔽双眼。进而，能够基于对事物真相的认识作出判断，这样的判断是正确且恰当的。

这一点自然能体现素直之心的伟大，然而素直之心更伟大的地方在于，作出正确判断并在此基础上采取适当的行动,这样一来,社会的各个方面、人们身边的情况将变得非常顺利、足够平和、十分美好。

12 文末微语

不要被知识、欲望、思想、主义等束缚,努力看清事物的本来面目吧。

人一旦拥有素直之心,就能看清事物原本的样子、真实的样子,把握事物本色真相。

每日发现新事物

成汤开创了中国古代的殷商王朝，连孔子都奉他为明君，称颂其德行。据说在这位商王经常使用的盘[①]上刻着这样一句话："苟日新，日日新，又日新。"我并不懂这句话的深层含义，但相信其中应该包含这层意思：每日革新十分重要，真正做到的话心会年轻、人将自新。商王成汤将此作为对自己的警戒，将其刻在了自己每天使用的盘上。

历史上的商王成汤是距今三千多年的古人。当时不同于现在，时代的变化是非常缓慢的。在那样一个慢节奏的年代，成汤却已经在思考：身为君王自己应该每日图新。他确实是一位伟大的领导者。

我真心认为世间所有事物没有任何一件是绝对静止的，哪怕一瞬间。世界在不停地运动、不断变化。旧事物逐渐灭亡，新事物层出不穷。这种生长发展的状态才是自然的法则。因此，我们人类的生

---

① 古人沐浴用的器皿。——编者注

活也应该每日图新。

据说明治维新的先驱之一坂本龙马,经常与西乡隆盛对谈。但是每次见面坂本龙马的想法总会较之前有所变化。因此西乡隆盛批评他说:"你今天的想法跟昨天说的不一样吧,这样的话我无法信任你。作为心怀天下之士,想要取得他人的信任,应该具有坚定不变的信念。"当时坂本龙马说:"不,并非如此。孔子都说'君子待时而动',时间每时每刻向前推移,社会形势也在不断地发生变化。所以昨天的真理必然变成今天的谬误。'待时而动'是君子之道。"他忠告西乡隆盛:"西乡,你总是认定一件事情便始终坚守,这样会被时代抛在后面的。"

历史上是否真的发生过这些对话,我们无从知晓。但是,身处急速变化的当今社会,我个人更赞同坂本龙马的看法。

13 文末微语

任何事物,没有一刻是静止的,昨天的真理会变成今天的谬误。

一旦拥有素直之心,就不会被现状束缚,就能每天发现新事物。

心想事成

我最初完全没有要成为有钱人或成为大企业家之类的想法。而且我身体不是太好，从没有过那么大的雄心壮志。我刚起步时想法很简单，就想着做点小生意挣口饭吃，能在休息的时候也有积蓄可以维持生活。我当初决定做生意时的想法就是这么简单。

迈开第一步后，第二步也是那般简单，既然要做生意就应该诚实地好好做。这与普通的公司职员的第一步是一样的，公司员工应该诚实地做好本职工作。当走过第三步、第四步、第五步……第十步时身边已经聚集了一批人。

想到自己的生意与这么多人的未来和命运密切相关，我突然发觉经营公司已不再单纯是为了自己一个人。公司的存在和发展是为了员工，不，也不只是为了员工，更是为了整个社会和国家。如此来看，尽管我的生意规模不大，但它却是整个社会的。

虽然从法律层面讲公司属于我个人所有，但本质上它属于整个社会。我在开始经商后的第14年左右开始意识到了这一层。在此之前，我不过是一个极平凡的肯努力的人而已。但是自从意识到企业的责任后，一种使命感在我心中油然而生。我想忠诚地履行这种使命就是自己命中注定的正途，自己就是抱着这样的想法开展工作的。这是一种非常强有力的状态，得益于此，我们的生意越来越红火，产品销路非常好，进一步促进生产。后来竟然发展到促进妇女解放的程度。

我从一个非常平凡的起点出发能做到今天这种程度，其中一个重要原因我认为是命运使然。如果冥冥之中我的命运不是这样安排的，我想最终也就不会发展成这个结果。命运这东西是人力所不能左右的。一个人如果诚实地付出努力，那他命中注定的那份命运就能得以实现。有句老话叫"尽人事，听天命"。每个人都有自己适合做的事情，有人适合开面馆、有人适合开电器公司、有人适合做公司职员，谁适合做什么，人跟人不尽相同。弄清楚自己适合做什么，然后全情投入其中，那个人独特的天分就能充分发挥出来。如果他是得天下的命运，他就能得到天下。就算没有王者命，每个人也都能沿着自己的命运轨迹发展下去，最终实现自己的天命。这些是我经历过种种后形成的一种心境。

14 文末微语

始于平凡的努力,觉悟到自身的使命感。

拥有素直之心,就能够看清自己的天分,充分活出自身的天命。

转祸为福

人活着，自信非常重要。没有自信过不好这一生，太过自信往往也不是一件好事。

丧失自信这种事，我也曾经有过多次。其实我也悲观过、困扰过、晚上失眠过。但是等到第二天早晨，想法就会彻底转变。再想起昨天的烦心事时，心中浮现的是建设性的想法，我会积极考虑这个问题要这样看，那个问题要那样解决。这可以说成是转祸为福吧，总之会这样想。这些是自然而然发生的。

也就是说，虽然丧失了信心，但是下一秒就已经开始在积极地考虑应该如何解决了。多亏自己能做到这一点，才有了今天的成功局面。能够做到这些，固然与我天生的性格有关，但更重要的还是在经历中锻炼出来的（能力）。

做 100 件事情，如果成功 1 件失败 99 件，大多数人都会因为这 99 次失败而丧失信心，不会再想进一步挑战。果真如此的话，那才是真正的失败。

仔细分析我们会发现，并非做100件事100件都失败了。1件事能成功，那么其他99件事也有可能做成。

这样想便能生出勇气，将已取得的那1次成功视为宝贵的人生经验，充满自信地挑战剩余的99件。这其实已经等同于成功了。

是看到好的一面进而充满自信，还是只看坏的一面从而信心全无？心态不同，人生也会随之大不相同。

15 文末微语

是因为 99 次失败失掉信心，还是看到 1 次成功继续自信地挑战下去，不同的心态选择带来不同的人生。

拥有素直之心，面临危机会将其视作机遇，能"转祸为福"。

打开『心眼』

生活中有这样一些人，他们相信人类借助科学技术的力量可以征服自然，能够为自身创造幸福生活。比如人类借助先进的科技围海造地，创造出大面积的新陆地，在新的土地上建造工厂。而且借助科技的力量，很多了不起的工作得以顺利开展。这些都丰富了我们的生活，让人类的生活更便捷。这样一想的话，也确实如此，认为人力可以解决一切的这种想法，也并非全无道理。

但是我认为，人类的大部分活动都是在大自然提供了前提的基础上才得以开展的，是自然力量安排下的一部分。比如人类建造房屋，或是在矿山挖煤，用挖出的煤发电，用电点亮电灯照亮房间，这些人类活动大部分其实是在自然之力的安排下进行的。换句话讲，纯粹的人类智力和体力活动只占全部的 1/100 或 1/200，大部分是自然已经安排好的。人类不过是将自然的这种安排逐渐探索、挖掘出来罢了。不管是经营正常的生活，还是实现幸福的生活，如果只局限于自己的智慧和才能，将其视作无上的依凭，这些是不可能真正实现的。

如果从自然的维度来看人类的智慧和才能，那真的是微之又微。人类一旦忘记这一点，轻视自己依靠自然恩惠生存发展这一事实，只想单纯凭借自身的智慧和才能的话，在狂妄的人类智慧的单独支配下，人类将把遵从自然之理的想法抛到脑后。如此一来，就算是再贤德的人，作判断时也会变得仅依靠自身有限的智慧，看问题想事情时变得自我中心、自我本位，最终独断专行，在不知不觉中将人类引向不幸。

如果人们注意到这一点，行动时心将自然变得平和，注重与自然和谐共生。无限的繁荣、和平和幸福必将来敲门。

其实早在两千多年前，释迦牟尼、基督、孔子等前人早已经道尽了这些道理。但是时至今日，也不能说人类已顺利实现了自身的繁荣、和平和幸福。那么我们怎样才能真正地把先哲们的道理听进心里，真正实现与自然和谐共处呢？无他，唯有专心地培养素直之心。拥有素直之心，人便能逐渐理解大道理中的真味。

拥有素直之心，人就可以打开"心眼"，看到自然之理。其结果，不论贤愚，人们都能拥有一双慧眼，自然而然地区分出正邪善恶。

16 文末微语

自然冥冥之中早已对世间的大部分事情做好安排。

拥有素直之心,就能打开"心眼",明白自然之理,就能自然区分正邪善恶。

消除愤懑不平

年轻人毕业后进入某家公司，一般会有前辈对他进行指点。但是，是不是所有的前辈都会态度和善且工作指导得恰到好处呢，我想未必如此。因为公司里确实有这样一类人，他们自己能很好地开展工作，但是并不擅长指导后辈。

此外，公司里有"完美前辈"，也会有不太完美的前辈。所谓"完美前辈"是指人品方面也好、工作方面也好或者是经验方面，无论从哪方面讲作为新人的前辈都无可挑剔。而与之形成对比，有些前辈在一些特定方面可能存在小问题，这类人也可能存在。

遇到这样的前辈，估计新人会心有不满，产生动摇。我却认为，换个角度看这也是一件好事，有值得令人庆幸的一面。这话怎么讲呢？其实不论是学艺或者其他什么，师父如果照顾得太周到，徒弟往往反而不能成为大师。那些拜在"不太靠谱"的师父门下的弟子，自己不断摸索，渐渐掌握诀窍，反而很多最后成了大师级人物。

当然一般来讲，跟着一位好师父，弟子肯定是可以学到很多东西，自身得以精进的。但是要做到突破性成长往往比较困难，因为弟子很容易唯师命是从，什么都听师父的。

相反，如果遇到的师父有些不近情理，那就是另外一种情况了。本来徒弟做得不错，应该受到表扬的，却遭到师父批评。弟子内心产生动摇，想打退堂鼓。但是一旦他咬紧牙关坚持下去的话，最后往往会超越师父成为一个了不起的人。我听到过很多这样的例子。

讲了这么多，我其实是想说，如果运气好，遇到的前辈和气、友善，那你单纯感恩就可以了；但是，如果你遇到比较难缠的前辈，可以换一种角度看问题，想"自己就要变成名人了"，努力投入工作之中。这样想的话，首先自己工作起来是快乐的，对于自己而言是积极正面的能量。

此外，办公室狭窄啦、办公区昏暗啦、人际关系不理想啦，人们可能对自己的工作抱有这样那样的不满。这种时候如果一味不满发牢骚，心里总是抱怨"这家公司太差劲"的话，情绪只会越来越低落，完全失掉工作热情。

这种时候需要改变一下看问题想事情的角度。感到不满实际上是存在一些自己认为不好的地方。此时不妨试着想一下，自己怎么做可以改善公司这种不好的地方，或是自己怎么做才能让更多的人满意？这么想的话，自然会对工作产生兴趣，也会有一股干劲儿想着去改善。我想如果不能用这样的方式思考问题，是做不好工作的，社会也无法实现发展和进步。

也就是讲，愤懑不平地过日子固然不是好事，但完全没有不满情绪也不是一件好事,因为这样不利于事物的改进和发展。

一个人若是怀揣理想、认真投入工作的话,感到某些不满也是很正常的。比如工作中我们有时候会这样想:为什么不买我们的产品呢?为什么不理解我的想法呢?……这种时候我们不要仅停留在不满和抱怨的阶段,应该将不满转化成接下来的目标和动力想办法去改变。我认为这样的思考方式非常重要。

17 文末微语

面对不好的地方,要思考它不好的原因。从中挖掘趣味。

拥有素直之心,愤懑不满也能被转化为目标和动力。

善用一切

走进大自然的山野中,我们能看到各种山花在怒放,各类树木在繁茂生长,鸟儿在天空中飞舞,兽类在一起玩耍嬉戏。大自然如此这般生生不息,让所有这一切和谐共生,使这些为原本丰富的色彩更添新色。

再看被自然包围着的人类社会,可以说道理是一样的。社会中有各种集团组织,有各种各样的人和事,他们相互补充,共同促进着生活的繁荣和发展。

因此,所有的事物也好,所有的人也好,不否定和排斥任何一个人任何一个事物,接纳和包容事物原本的样子,这是最重要的。换句话讲,以那样宽广的心和素直的态度对待世间万物,这是对人类的一种基本要求。

接纳一切事物本来的样子后,紧接着另一件重要的事情就是如何恰当地处置和对待这些事物,恰当充分地一起利用好它们。不管是人还是自然或社会中的事物，只有被适当地激发利用起来、被放到恰当的位置才能发挥出自身的潜能和长处，同时促进整体发展。

有句话叫"让人才适得其所"，在企业的经营管理过程中我非常注重人才配置问题。让每一名员工在什么样的岗位上工作，或者说某个岗位上应该放谁去做，我总是对这类事情非常细心地加以考量。也就是说，一个人一旦被放在与自己的天性和特征相匹配的位置上，他将从中体会到喜悦和自身价值，并且能很好地完成工作，让周围的人满意，进而促进整体向前发展。

不仅限于工作，人类生活的方方面面都适用于这个道理。换言之就是，人们相互承认各自的长处和特征，并思考一起用好它们的方法。这种心理正是人类共存共荣的基础。如果人们真正做好这一点，那么一切将顺利进行，我们将收获最好的结果。这个道理同样适用于团体与团体之间、国家与国家之间，以及用物之道方面。

人也好物也罢，我们都应该接纳其本来最真实的样子，然后善加利用其特征，使之与整体和谐共生，使之为人类共同生活作出积极的贡献。这一点十分重要。真能做到的话，我想世间所有的人和物都将被善加利用。

18 文末微语

接纳事物最本真的样子！包容接纳是非常重要的。

人们都拥有素直之心后，"人尽其才，物尽其用"将得以实现。

与疾病『平和共处』

我总是鼓励那些因身体病弱而烦恼的年轻人，对他们说："你没必要这么在意自己病弱的身体。在身体允许的范围内量力而行，做好自己能做的事就足够了。不要总想着跟那些健康的人看齐，只要踏实勤奋地比别人更用心地做事，这就够了。你天生体弱，那就接受体弱的现实，以这样的心态去努力，总有一天好运会降临。"

此外我还跟那些生病倒下的人说："以我自己的切身体验来讲，面对疾病我们一定不能恐惧。如果我们害怕它、逃避它，疾病反而会紧追着人不放。我们自身越是积极地去面对它，平和地接纳它，与它和谐共处，疾病反而会自己逃走。与疾病平和共处，最后它会给你颁发毕业证书的。其实疾病也需要我们郑重其事地好好对待它。"

简而言之，患病的人不能一味地消极叹息，纠结自己身体不健康，这样只会让情况变得更糟。所有不幸都是从这里发展出来的。

世间万物无时无刻不在变化发展,这是最真实的自然状态。因此,疾病、衰老甚至死亡都是变化发展的某种状态。认识到这一点,那些原本非常令人讨厌的事物也就不再觉得那么讨厌了。原本的"敌人"最后会变成"战友"。

不要执念于任何东西,素直地看待和接纳事物原本的模样。

我希望自己可以用这样的心态面对疾病。

19 文末微语

和疾病亲密、友好地相处吧。衰老、死亡都是变化发展的状态。

生病是件烦心事,可一旦拥有素直之心,生病也是可以换一种方式来看待的。

你害怕它、逃避它,疾病会紧追在身后;你亲近它、靠近它,疾病反而会逃得远远的。

| 第三章 |

如何培育素直之心

强烈的意念

第二次世界大战刚刚结束时,我曾遇到了非常大的困难,当时切身感悟到:还是必须要培养素直之心。单凭强烈的欲求是不可能得到自己所追求的事物的。还是应该先培养素直之心,以素直之心来想问题看事情,如此一来某种程度上便能看清事物的真实面貌。

自己暗下决心,要坚持朝这个方向努力下去。但是嘴上说来容易,真正做到以素直之心处之是很难的。就此我曾经跟别人有过这样一段对话。

"你总说应该培养素直之心,我或多或少明白一些,但怎样做才能拥有素直之心呢?"对方这样问我。

我当时回答说:"我真心认为自己应该培养素直之心,也跟你提倡过。素直之心非常珍贵,如此珍贵的东西,我想不是一朝一夕能轻易得到的。如果你想拥有素直之心,想通过它来看问题、想事情,那么应该每天提醒自己一次,告诫自己今天也要用素直之心看问题和处理事情。每天早晨起床时,或是跟神灵,或是跟佛祖,或是干脆跟自己的内心说上一遍,告诫自己要注意培养素直之心。"

"这样做了就能拥有素直之心吗?"

"这样就能收获素直之心。当素直之心开始发挥作用时,这表示你已经进入素直之心的初级阶段。"

"素直之心也划分不同级别吗?"

"不,素直之心不分级别。但是谈到阶段,进入素直之心初级阶段的人,已经能够凡事都以素直的态度处之了。如此一来,首先他是不会失败了。"

"那怎样才能进入初级阶段呢?"

当时的对话大致就是这样。

关于如何培养素直之心,我自己也在不断思

考。怎样才能拥有呢？总能以素直之心想问题办事情是一件非常棒的事。但是，怎样才能进入初级阶段呢？……

彼时我联想到了围棋。我不知道大家是否下围棋，下的人应该能够明白。在围棋界据说跟人下上一万盘基本就能达到初段水平，当然受技艺水平所限，下棋的对象不太可能是师父，跟普通水平的朋友下也是可以的。当然也有些进步特别快的人，下上一万盘后能达到三四段的水平，但是作为一般情况来讲，我听说至少可以达到初段水平。

当时我这样回答："我听说下围棋时，下棋次数若能达到一万盘，那此人基本能达到初级水平。想进入素直之心的初级阶段，也应该在心里提醒自己一万次。比如你每天告诫自己一次，'今天要保持素直之心'，如此坚持30年，应该就能进入初级阶段。我目前只坚持了15年，还没达到初级阶段。围棋的话，自己目前也只是三四段的水平。所以我经常会感到迷惑，不能做到素直地看事情。但是就主观愿望来讲，至少我非常渴望进入素直之心的初级阶段，心里总有一个念头，希望自己30年后能进入素直之心的初级阶段。"

此后已经过去了10年，就时间来讲我差不多快能进入素直之心的初级阶段了。但是最近自己在这方面有些懈怠，因为遇到很多不愉快的事，真心感觉有点退步了。培养素直之心真的是一件很难的事。

达到素直之心的初级阶段，就能真正软硬得当地灵活地与人相处。不管谁说什么，都不会因此动怒，相反能够素直地跟对方说："嗯，明白了。就按你说的办，你也那么做吧。"此外，我认为人在进入素直之心的初级阶段后，可以避免"走错路"，但现实情况与这种状态还存在很大差距。

不管怎么说，想培养素直之心，没有30年的时间是不够的。这个道理适用于一切事物。任何事情不历经 30 载春秋的洗礼,往往见不到真正的价值和成果。每天下棋,尽管棋艺很差,依然能体会其中的乐趣,这就是人生价值。工作也是一样,能享受工作的乐趣也是一种生命的价值。只是这种人生价值结出果实要花费 30 年,我认为它就是这样的。

20 文末微语

心中不断重复一万回,然后就会结出人生价值这一果实。

要培养素直之心,首先需要心中有一份想拥有素直之心的强烈意念。

予人喜悅

之前发生过这样一件事。某公司的一名员工，早晨7点钟左右就已经等在我家门外了。

我问他："你在这儿做什么？"

他回答说："这么早打扰您非常抱歉！因为平时在公司很难见到您，所以今天等在这儿，无论如何都想见您一面。我非常想向您介绍一款我们的产品。"

"这么早就守在门外，一定很辛苦吧？"我问他。

他却回答："自己一点儿也不觉着苦，相反倒觉着很有意思。一想到今天能见到您，心里就满是希望，我就是这样怀揣着希望来这儿的。"

听他这样说，我把他请进了家门。这样事情就办成了，这就是成功。

想要见那些一般来讲不太可能见到的人，非得把功夫下到这种程度不可。当我们真的做到这种程度时，就能体会到其中的乐趣。如果做事情瞻前顾后，顾虑这么早去拜访会不会招人反感的话，就没有动力真正去做了。那样的话第一步都迈不出来，也就根本谈不上成功地把事情做成了。

举个简单的例子。比如，即便只是销售冰激凌机这类居家用品，我也会积极地将它的价值传递给顾客："太太，这款机器使用起来特别方便，用它可以做出非常好吃的冰激凌哦。"一个家庭买了这款冰激凌机，那么妻子就能够在丈夫下班回来后，体贴地端上一杯自制冰激凌对丈夫说："天很热，吃点冰激凌吧。"丈夫一定会很开心，反过来称赞妻子一句："咱家自制的冰激凌比外边卖的好吃多了。"只有当销售人员意识到，自己推销商品是为了给顾客带去这种喜悦时，才能愉快地开展推销工作。那样的话商品就能顺利卖出去，销售人员自己也能挣到钱。我认为这样的思考方式非常重要。

这样看问题的话，推销产品就不再那么令人痛苦。当人意识到自己的行为能带给别人喜悦，可以促进社会发展和进步时，他就能底气十足地、堂堂正正地做事情。事先顾虑重重，不能坦然迈出推销的第一步，这其实也意味着不能带给顾客喜悦。

公司里的工作全部都可以这样从不同角度进行理解。

比如生产销售麻将的公司，如果公司员工的头脑里净是些消极想法，认为打麻将是一件不好的事，那公司的经营状况也一定不会太好。麻将公司的员工应该更积极地看待自己的工作，想想大家劳累一天后打会儿麻将可以消除疲劳、愉悦身心，而自己正是为了这种喜悦才生产和销售麻将的。只有这样看待自己的工作，才能底气十足地把工作做好。

21 文末微语

这对别人而言有价值！这种想法会转变成堂堂正正的行动。

素直之心正确地知道该做什么，在不断累积正确行动的过程中建立对自我的承认和肯定。

严格自律

日本江户时代曾经流行养鹌鹑，身份尊贵的高门府邸竞相抢购，导致鹌鹑价格一度非常高。老中①阿部忠秋也很喜欢养鹌鹑，经常把笼子放在自己身边，欣赏鹌鹑的叫声。

有个大名听说后，高价买了一只鹌鹑，想通过某位御典医进献给阿部忠秋。御典医向阿部忠秋进献鹌鹑，转述说："近日得了只非常名贵的鹌鹑，特意进献给您，希望您能喜欢。"阿部忠秋听后马上叫来身边的侍从，让他们把鹌鹑笼子统统朝向庭院的方向，命令把笼子都打开。于是阿部忠秋养的那些鹌鹑纷纷飞出鸟笼，冲向天空飞走了。

御典医见状非常吃惊，问阿部忠秋："这些鸟儿一定训练有素，会自己飞回来对吧？"

阿部忠秋却回答说："不，今天是第一次放飞

---

① 老中为江户幕府的官职名，老中负责统领日常行政事务，管理一万石以上的大名。——编者注

它们。敝人仰仗君上威仪才有如今这般地位，一举一动都在大家瞩目之下，像我这种人不应该有个人的喜好。我如今喜欢鹌鹑，很快就有人把这消息传播出去了，所以我还是干脆把这个喜好戒掉的好。"

只要是人，不管是谁，戒掉自己喜好的事物都会很困难。但是阿部忠秋十分自律，日常对自己要求异常严格。凡是可能造成不良社会影响的事或者可能导致权力私用的事他都严格予以避免。因此才会毅然决然放飞自己喜爱的鹌鹑，割舍掉自己的喜好。

随着人地位上升、权势增强，世人往往会迎合他的喜好。如果位高权重的人有个人喜好，很快就会被世人知晓，然后会有各路投其所好的人出现来迎合他。这样的话，按照正常的人情道理来讲是不好拒绝别人美意的，礼物往往就这样收下了。虽说可能有悖社会常理，但是像阿部忠秋这种身份的人应该避免收受他人的礼品。

一旦收下别人的礼品，就可能因为人情做出有失公允的事。就算自己正大光明、秉公办事，别人还是会觉得你不公正。所以身处公位的人必须严格自律，时刻注意约束自己的言行，这也是理所当然的事。别人馈赠的东西自然不能收，这是理所当然应该做到的。但是连自己养的鹌鹑也放飞掉，能做到这种程度着实不易。

这种不太容易办到的事，阿部忠秋却干脆地一口气做到了，我们从中可以感受到他的素直品性。也就是说，他在作判断时，并非基于自己的个人情感或欲望，而是从自己的身份、地位、职责出发，从更深层次的角度判断应该考虑什么和怎样做。这种素直品性孕育出高远见识，高远见识中诞生出自律，也产出了放飞自己喜爱的鹌鹑这样的果断行为。

22 文末微语

自己应该怎样做？从大局和高处进行思考将更加顺利。

谨记自身所处位置，始终严于律己，这种见识有助于培养素直之心。

不断自省和反思

有句老话叫"百闻不如一见",意思是讲,想了解一件事物,听别人谈论一百遍也不如自己亲眼看一下。道理确实如此,但是世间存在很多这样的事物,不管我们怎么看都不能真正抓住其本质。比如说盐,人在看到盐后会产生一种视觉上的认知,心想"哦,原来盐是这样一种白色的东西"。但是不管用大脑怎么思考、用眼睛怎么观察,人依然不可能知道盐是咸的这一简单的事实。所以需要放到嘴里尝一下,不是用大脑思考,而是亲自品尝一下它的味道,只有这样才能明白盐为何物。

世间的很多事情其实都是这样,只有通过实际体验才能真正抓住其本质并理解它。就像一句话说的那样,"百闻百见不如实际体验",这在很多时候其实都适用。

我想人们尊重前辈和年长者的一个重要原因,也是因为他们在经历漫长岁月后积淀下了宝贵的经验，这种时间积淀下的见识和判断力，是经验尚浅者所不具备的。从这层意义上讲，年龄增长并不一定意味着经验必然增加，有些人虽然一把岁数但并没有积累下与其年龄相称的经验和见识，只是徒增华发罢了。

那么积累经验具体指什么呢？是指取得辉煌的成功或经历重大失败这类特殊体验吗？

的确，经历过顶峰的辉煌和谷底的失意对于人生而言是非常宝贵的经历，人可以从中学到很多东西。但是这绝非意味着积累经验只能通过大起大落的特殊经历才能实现，我认为人们完全可以在平稳安定的日常时光中积累下宝贵的经验财富。关键取决于我们是否用心。甚至从某种意义上讲，这种日常生活中的经验极为重要。

比如说在我们日常的工作中，虽然一件工作顺利完成了，我们还是可以围绕它多思考一下。"这样做是不是有点过火了？下次应该多注意一些"或者"这样做虽然也顺利通过了，但是还有改进的余地，下次可以做得更好"。类似这些，如果我们认真反思就会发现不少可供改进的地方。经常这样进行自我反省和反思，就能收获宝贵的经验。做个有心人，经常反思工作生活中这类小成功和小失败，哪怕是在看似平淡无奇的日常，也能积淀下丰富的人生经验，这些经验将变成人生的能量。

平淡无奇中的这种小小的，甚至不易被人察觉的日常经验也可以称之为心灵的体验。

除了那些轰轰烈烈的成功和失败，我们也应该注重积累这种心灵的体验，这对于身处急剧变化时代中的我们，是极为重要的。

23 文末微语

那些很小的,甚至小到不易被人察觉的生活中的体验是心灵的体验。这些将全部转化为人生的能量。

从小事中积累心灵的体验,这样可以培养素直之心。

亲近自然

人们往往倾向于认为人类靠自身力量营造和维持着自己的日常生活，但这是比较严重的错觉。我们不能不看到大自然给予人类的恩赐，甚至可以说人类正是依赖自然的恩赐才得以生存发展的。

比如阳光、空气、水以及其他自然资源为人类提供了活着的能量。

就像母亲养育幼子的那种慈爱，自然给予人类巨大的恩赐，不分昼夜地养育着人们。只是这位母亲平时很容易被我们忽视，因为她看不见摸不着，呼唤也不回应。

懂得感恩母亲的人与那些不懂感恩的人相比，能成长为更好的人，这一点毋庸置疑。同样的道理，从自然的恩惠中发现其母亲般的慈悲心并对自然心怀感恩，这是人类要健全生活所必不可少的。

只有能够素直地接受自然恩惠，才能从中诞生繁荣、和平和幸福。

根据对自然的看法不同,人类的生活态度可以分为两类。一类切实感受到自然对人的恩赐,对自然怀有感恩之心;另一类则单纯地把自然的各种恩赐看成自然现象,认为理所当然,无动于衷。但是想要素直地观察宇宙和自然的运行机制,我们需要感受宇宙之心和自然的恩惠。

24 文末微语

自然给予人类巨大恩惠,不分昼夜地养育着人类。

要培养素直之心,应该发自内心地亲近自然、感恩自然、学习自然,这非常重要。

终身学习

很多人一走出校门就不再学习了，我想这类人后续不会有太大发展。相反有另外一类人，尽管他们在学生时代可能并不出类拔萃，但是走向社会后仍能坚持不懈地付出努力，一步一个脚印地踏实做好自己该做的事，持续不断地学习和吸收新事物。我认为这类人的后续发展将不可限量。

学习是一件应该持续终身的事，那些能够坚持终身学习，主动不断学习吸收新事物的人是大器晚成型人才。

拥有持续学习、终身学习意识的人将不断取得进步，不会停滞不前。他们一步一个脚印扎实前行，伴随时光流逝不断成长。一年过去他们积累下一年的力量，两年过去积累两年的力量，十年、二十年、三十年过去了，就会积淀下与这段时光相称的能量。这种人才是真正大器晚成的人。

目前各行各业中都不乏这样一类人，他们不

是蜻蜓点水般地做两三年便浅尝辄止，而是把眼前的工作认定为自己的终身工作，一做就是三十年、四十年甚至更长。

人们对待自己将持续一生的工作时都采取什么态度呢？有人看到自己的工作眼下进展很顺利，便认为将一直这样顺风顺水下去，态度上慢慢懈怠不再积极进取，日子过得浑浑噩噩。但事实是，即便眼下一切都很顺利，可是谁也不能保证今后能一直顺利下去。人一旦在顺境中懈怠，真的遇到突发逆境时往往为时已晚。

与此相对，还有一些人勤勤恳恳地投身于终身事业，不断学习、不断创新。换句话说，一个人若拥有终身学习的意识每天进步，那他的成长和进步将永不停止。他们从中追求希望和理想，他们能够不知疲惫地倾情投入其中，享受工作的乐趣。

我想大概人这种生物，一旦感受到自己工作的价值和意义，往往就会不知疲惫地投入其中。我们会对工作抱有强烈的热情，拼命要把它做好；我们一边享受其中的乐趣一边不断把工作推向下一个高度。也就是说，我们会把自己的使命铭记于心，为了完成这种使命甚至会生出不惜舍生取义的热情，把自己整个人融入进去。

对待工作的态度是区分能否成功的分水岭。把工作看成自己的事，还是仅把工作看成公司的事，结果将大不相同。一个人能够自己主动发掘工作的意义，全身心投入其中，每天都以一种全新、饱满的状态不断创新的话，工作对于他而言将不再仅仅是一份挣钱糊口的工具而已。

25 文末微语

每天都以一种全新的面貌投身工作,我们将真正体会到工作中的乐趣。

保持每天学习才能养成素直之心。

后记
建议每日一读

至此，我们已经在本书中介绍了很多松下幸之助先生关于"素直之心"的讲话和发言。最后附上一篇文章，它主要讲述"素直之心"的内容和作用。松下幸之助先生曾经对PHP研究所的研究员们说过这样的话："我希望你们可以总结一篇文章，这篇文章能使人每天检视一遍自己的'素直之心'。"最后附上的这篇文章就是应松下先生此要求制作的。

松下先生读这篇文章时认真地做了笔记，把一些重点语句特意摘抄在纸上随身携带，以便时时温习。如果读者诸君也能每日一读，如果这篇文章有助于各位培养素直之心，我们将不胜荣幸。

让我们拥有一颗素直之心。

素直之心让你强大，让你正确，让你聪明。以素直之心走人生路，经营日常活动，那么人类作为万物灵长的伟大本质将得以显现，我们的共同生活会得到提升，每个个体也能收获更加丰富的幸福。

素直之心是不为任何外物所束缚、看透事物本质真相的心。它不执念于私利私欲，是看清事物本来面目的心。同时它还与宽广的宽容之心和虚怀若谷认真倾听的态度相通。

拥有素直之心，人就能根据事物真相正确把握什么是对的，知道应该怎样做。进而，一切事情得以顺利开展，呈现平和、光明的景象。还能每天孕育新的好结果。

如果缺失素直之心，人心将被各种外物所累，难以凝聚众人智慧。而且，人们也容易陷入情感或私心之中变得自私自利，如此一来就会导致效率低下、相互争斗等各种问题。进一步讲，这将阻碍事物的上升和发展，也可能会损害每个个体的幸福。

因此我们每个人努力培养和提升素直之心是非常必要的。为此，我们除了要有强烈的培养素直之心的意识外，还应该用心通过任何有助于培养素直之心的努力和实践锻炼自己，这些对于培养素直之心非常重要。

拥有一颗素直之心吧，它让你强大，让你正确，让你聪明，它能带来更美好的社会，它能创造和提升每个人的幸福。

读这篇文章，

让你的心灵变素直；

让你的精神沉着稳定；

让你聚集众人智慧；

让大家一起收获幸福。

——松下幸之助

出处一览（按照出版发行的时间顺序）

《谈我对经营的看法》（PHP文库1990年7月）

《人的成功》（PHP文库1994年2月）

《人生谈义》（PHP文库1998年5月）

《人生心得帖》（PHP文库2001年5月）

《如何拥有素直之心》（PHP文库2004年4月）

《松下幸之助的哲学》（PHP文库2009年4月）

《松下幸之助的来信》（PHP文库2012年9月）

《致青年》（PHP文库2014年4月）

《自主责任经营》（PHP文库2014年9月）

上述图书均由PHP研究所出版发行

图书在版编目（CIP）数据

拥有一颗素直之心吧 /（日）松下幸之助 著；刘峥 译. — 北京：东方出版社，2023.4
ISBN 978-7-5207-3386-1

Ⅰ.①拥… Ⅱ.①松…②刘… Ⅲ.①松下幸之助(1894-1989) —商业经营—经验 Ⅳ.① F715

中国国家版本馆 CIP 数据核字（2023）第 048764 号

SUBETE GA UMAKUIKU By Konosuke MATSUSHITA
Copyright © 2016 PHP Institute, Inc.
Simplified Chinese translation copyright © 2018 Oriental Press,
All rights reserved
Original Japanese language edition published in 2016 by PHP Institute, Inc.
Simplified Chinese translation rights arranged with PHP Institute, Inc.
through Hanhe International(HK) Co., Ltd.

本书中文简体字版权由汉和国际（香港）有限公司代理
中文简体字版专有权属东方出版社
著作权合同登记号 图字：01-2023-0702号

拥有一颗素直之心吧

（YONGYOU YIKE SUZHIZHIXIN BA）

作　　者	［日］松下幸之助
译　　者	刘　峥
责任编辑	刘　峥
出　　版	东方出版社
发　　行	人民东方出版传媒有限公司
地　　址	北京市东城区朝阳门内大街 166 号
邮　　编	100010
印　　刷	北京文昌阁彩色印刷有限责任公司
版　　次	2023 年 4 月第 1 版
印　　次	2023 年 4 月第 1 次印刷
开　　本	787 毫米 ×1092 毫米　1/32
印　　张	5.875
字　　数	60 千字
书　　号	ISBN 978-7-5207-3386-1
定　　价	58.00 元
发行电话	（010）85924663　85924644　85924641

版权所有，违者必究
如有印装质量问题，我社负责调换，请拨打电话：(010) 85924602　85924603